AF496390

ENCORE UN MARTYR,

OU

NOTICE

POUR SERVIR A L'HISTOIRE DE LA VIE DE S. A. R. MONSEIGNEUR LE DUC DE BERRI.

Par P. Malbec fils.

*...... Mens ardua semper
A pueris, teneris que, etiam fulgebat in annis,
Fortunæ majoris honos, erectus et acer
Nil breve moliri ....*
Hor.

Se Vend A MONTPELLIER,
Chez MELQUIOND-PATRAS, libraire, rue Gouvernement,
Et chez AUG. SEGUIN, libraire, Place Neuve;
A NISMES,
Chez MELQUIOND, libraire, vis-à-vis l'Esplanade;
A AVIGNON,
Chez AUBANEL, imprimeur-libraire;
Et chez tous les marchands de nouveautés.

MONTPELLIER, DE L'IMPRIMERIE DE JEAN MARTEL LE JEUNE.
1820.

A MONSIEUR

Le marquis de Forton,

Chevalier de l'Ordre Royal et Militaire de S.t-Louis, et de la Légion d'Honneur, Premier Président de la Cour Royale de Montpellier.

Hommage de ma respectueuse reconnaissance.

P. MALBEC fils.

AVERTISSEMENT.

Je méditais, dans le silence du cabinet, des considérations sur notre mémorable Révolution; je décrivais les derniers momens de la vie de notre Roi-martyr; je jetais quelques fleurs sur la tombe de nos concitoyens morts victimes de ce grand événement; j'esquissais la vie de nos Princes, restes dispersés de ce chêne antique qui nous couvrait de son ombre tutélaire, alors errans sur cette terre de douleur, et ne soupirant qu'après le bonheur de cette chère patrie qu'ils désespéraient de revoir, et qui, par un événement où est empreint le doigt de l'Éternel, venaient d'y rentrer avec toute la splendeur due à leur rang, et précédés du cortége de leurs éminentes vertus; je respirais de les voir respirer en paix, l'air embaumé des lieux où l'on reçut le jour; je me promettais de voir, dans la dernière union d'un de ses membres, se perpétuer cette race de héros; lorsqu'un assassinat atroce est venu interrompre par son horrible célébrité, mes douces occupations. Un froid glacial s'est répandu dans tout mon corps; mes cheveux se sont dressés sur ma tête; dans mon délire, j'ai conjuré, toutes les furies de s'attacher au cœur de ce nouveau Ravaillac, dont la main parricide venait de couvrir de deuil cette belle France, qui nous est si chère. Revenu de ma stupeur, et dans l'impuissance d'arrêter le cours de tant de larmes, j'ai au moins voulu payer mon tribut d'hommages à cette auguste victime; j'ai rassemblé à la hâte quelques-uns des matériaux que je possédais, et j'en ai composé cet ouvrage qui, tout imparfait qu'il est, ne sera cependant pas sans utilité à celui qui se chargera de transmettre à la postérité, dans le plus grand détail, l'histoire d'une si belle vie.

En livrant cet écrit à l'impression, je n'ai point la prétention de passer pour écrivain: je l'ai déjà dit. Si je puis être utile à celui qui écrira l'histoire; si je puis faire verser quelques larmes de plus sur la tombe du malheureux Prince dont nous pleurons la perte; si je puis ramener à ceux qui restent quelque cœur égaré, j'aurai atteint mon but, et reçu la seule récompense que j'ambitionne.

ENCORE UN MARTYR.

Louis XV descendait au tombeau, laissant à son malheureux successeur l'état accablé de charges, une cour dissolue, et une nuée de prétendus esprits forts remplissant la France de leurs maximes erronées, subversives de tout ordre et de toute morale, qui, la hache à la main, frappaient à coups redoublés sur le trône et l'autel, afin de les renverser l'un et l'autre jusqu'en leurs derniers fondemens. Doué de toutes les vertus, Louis XVI ne put arrêter le cours des idées révolutionnaires, et il nous était réservé de voir éclater sous son règne ce grand événement, qui devait tout engloutir, que beaucoup de personnes prévoyaient, mais contre lequel il était impossible de rien opposer. Sur ces entrefaites, et le 25 janvier 1778, nâquit à Versailles, Charles-Ferdinand d'Artois Duc de Berri, petit-fils de France, de Charles-Philippe de France Comte d'Artois, frère du Roi, et de Marie-Thérèse de Savoie Princesse de Sardaigne. Sa naissance et les premières années de sa vie furent marquées par les fêtes et les réjouissances, ainsi que par les soins que l'on donne à des enfans nés dans un rang si élevé.

Je ne m'étendrai pas sur les premières années de sa vie : tout ce que je dirai, c'est que le torrent révolutionnaire qui devait tout engloutir grossissant chaque jour, s'avançait à grands pas avec un bruit épouvantable. Une faction menaçait les jours de Monsieur Comte d'Artois; Louis XVI voit le danger, et ordonne à son frère d'aller avec sa famille à la cour de Sardaigne : c'était en septembre 1789. Notre héros n'avait tout au plus que onze ans, lorsque par ordre du Roi il suivit son père hors de France. La faiblesse de son âge n'empêcha pas qu'il ne fût enveloppé dans la proscription qui embrassait l'âge, le sexe, la naissance, la vertu, les talens : on mit l'enfant hors la loi. Tout cela ne nous paraît aujourd'hui que d'une atrocité ridicule que l'on doit oublier. Oui ; mais pour l'oublier, ne cherchez pas, grands du siècle, à amalgamer la justice de ces jours de déraison et de férocité, avec la justice de nos jours qui devrait être la justice de tous les temps ; qui, une comme la vérité, ne devrait jamais perdre ses droits, et que vous mélangez chaque jour dans ce fatras de raisonnemens que vous appelez philosophie, au lieu de l'amalgamer avec cette sainte morale, unique soutien des empires.

Ce fut donc de bonne heure que le Duc de Berri entra dans l'école de l'adversité. Mais cette adversité qui abat les courages ordinaires, double l'énergie des âmes grandes et fortes ; celle du jeune Prince n'en reçut que plus de vigueur. Il continuait ses études à Turin sous M. le Duc de Serent, lorsque l'on tenta, en 1792, une expédition infructueuse en Champagne : le Duc de Berri courut y faire sous son père ses premières armes ; il revint ensuite à Turin. Accoutumé à supporter toutes sortes de privations, à endurer de longues et cruelles douleurs, à braver des obstacles en apparence insurmontables et sans cesse renaissans, il ne put rester dans l'inaction.

Il apprend que Mgr. le Prince de Condé lève, sur les bords du Rhin, une armée destinée à entrer en France, pour arracher le fils de saint Louis des serres du vautour révolutionnaire ; il s'échappe de Turin, se rend au camp de ce Prince, et obtient le commandement d'un corps de gentilshommes français. Jeté dès l'enfance comme Henri IV au milieu des camps, le Duc de Berri comme ce héros, s'est montré vaillant dès que ses mains ont pu manier une arme. De vieux guerriers admiraient son intrépidité, l'ardeur avec laquelle il ambitionnait d'être aux postes les plus dangereux, son impassibilité, sa gaîté même lorsqu'un trait lancé par ceux qui le combattaient, l'avait atteint, l'avait blessé. Docile et brave comme un soldat, il annonça qu'il aurait un jour la science et toutes les qualités d'un général; qu'il réunirait à l'impétuosité du grand Condé, l'imperturbable sang-froid de Turenne. Aimé du soldat jusqu'à l'idolâtrie; il tenait strictement à la discipline. Il lui arriva un jour de reprendre trop vivement un jeune homme de distinction; mais bientôt sentant sa faute, il le prit à l'écart et lui dit: « Mon intention n'a pas été d'insulter un homme d'honneur; ici je ne suis point un Prince, je ne suis comme vous qu'un gentilhomme français; si vous exigez réparation, je suis prêt à vous donner toutes celles que vous désirerez. » Observateur des lois de l'honneur, il exigeait que les officiers ne contractassent jamais de dettes dans leurs divers cantonnemens, et on le vit souvent venir à leur secours et vider sa bourse pour eux.

La campagne du Prince de Condé terminée, S. A. R. prévoyant l'inaction à laquelle il allait être réduit, entra au service de la Russie : ce fut alors qu'il prit dans divers actes, le titre de chef du régiment noble de Berri, au service de S. M. I. l'Empereur de toutes les Russies.

La France, livrée à l'anarchie, couverte du sang de son Roi et de ses plus illustres citoyens, avait essayé tous les genre des gouvernemens, sans trouver le repos qu'appelait à grands cris tous ses habitans. Le commerce anéanti, les terres en friche, le trône et l'autel renversés, la morale bannie de toutes ses institutions, nous la montraient semblable à un vaisseau sans mâts et sans cordages, livré aux vagues et aux courans d'une mer en courroux : tout avait disparu, jusqu'aux monumens qui auraient pu rappeler son antique splendeur; et le voyageur consterné qui parcourait ses provinces, se demandait avec effroi qu'était devenue cette France jadis si brillante et si belle. Le souffle empesté des révolutionnaires avait tout flétri, tout desséché, tout détruit; et les exhalaisons de ce grand cadavre portaient déjà leur influence délétère chez les peuples voisins, lorsque, tout-à-coup, pour me servir des expressions de M. le Vicomte de Châteaubriand, « un homme arrive d'Égypte; ses destinées sont mystérieuses, comme celles de ces monumens du désert où sont gravés des caractères que l'on n'entend plus; une vieille forteresse en ruine l'a empêché de conquérir l'Asie, il vient conquérir l'Europe; il a vu les sphinx, les pyramides, la plaine des tombeaux; il s'est entretenu avec les peuples de l'Aquilon et de l'Aurore; il prend tous les masques, parle toutes les langues, affecte tous les sentimens. En arrivant, il gagne une grande bataille, assassine un grand Prince, étouffe la voix de son crime par celle de ses victoires, met les rois de la terre à ses pieds, force le Souverain Pontife de passer les Alpes, et présente à l'Huile sainte un front qui n'était point courbé sous le triple poids du bonnet rouge, du turban et de la couronne.

Tel fut Buonaparte au moment où il monta sur le trône de saint Louis, ayant pour marche-pied, le corps sanglant du Duc d'Enghien. Mais, supposons pour un moment sur le trône pontifical et dans le sanctuaire de Notre-Dame, au lieu du simple et timide Chiaramonti, l'éloquent abbé de Clervaux, ou le fougueux Jules de la Rovère, également indignés de l'insolence du parvenu, également disposés à user, dans toute son étendue, de l'ascendant que leur donnaient sur les rois et sur les peuples, la sainteté de leur ministère, l'inspiration divine et la puissance de la parole; dans ce moment solennel, où Buonaparte monte à l'autel, prend la couronne de Charlemagne et la pose sur la tête; où tous les regards sont fixés sur lui, où tous les esprits sont attentifs à son action, où le silence le plus profond règne dans cette vaste enceinte; supposons, pour un moment, qu'un des Pontifes dont nous venons de parler, étendant tout-à-coup les mains vers l'usurpateur, lui crie d'une voix de tonnerre : Arrête malheureux! Que fais-tu? Qui t'a permis de prendre cette couronne? C'est celle d'Henri IV, et tu es couvert du sang d'un de ses plus nobles descendans. — La Nation? — Elle t'abhorre. — Le droit de conquête? — Il est nul en France, quand il n'est pas appuyé de celui de la naissance. — La Religion? — Tu l'as abjurée dans tes expéditions lointaines. — Moi? — Dieu m'en garde ! Je te connais ; tu ne te servirais de ton pouvoir, que pour renverser les trônes et les autels. — Qui es-tu ? — Devant les hommes, le fléau de la terre ; dans les mains de Dieu, l'instrument de ses vengeances : il le brisera, dès que le temps de la miséricorde sera venu. Tremble ! un moment t'élève au faîte des grandeurs ; un autre moment t'en précipitera. Robespierre avait, comme toi, un pied sur l'échafaud, le jour où sa bouche hypocrite invoqua l'Être Suprême. Dieu est sourd aux prières des méchans, et se plaît à confondre les projets de l'impie. Un tel discours, dans la bouche de saint Bernard n'eût pas été sans effet sur l'esprit des peuples, s'il n'eût rien produit sur l'esprit du tyran.

Entouré du prestige des victoires qu'il avait remporté dans plus de vingt batailles, déployant à tous les yeux ce que la valeur a de plus brillant, inspirant à la nation entière cette admiration que l'on accorde toujours malgré soi à cette grande erreur de tous les siècles, pour me servir des expressions d'un orateur chrétien ; à ce prestige qui étonne, trouble et domine la raison ; à ce fantôme chargé de deuil, tour-à-tour objet d'idolâtrie et d'exécration, d'enthousiasme et d'horreur, que l'on appelle gloire ; il forma ce gouvernement qui fut le chef-d'œuvre du despotisme : combinaison inouïe d'esprit et de sottise, de talent et d'ignorance, d'audace et de bassesses, de ruses et de violences, d'impostures et de forfanteries, de roideur et de souplesse ; combinaison dont les élémens rapprochés par des mains plus habiles que les siennes dans l'intention de nous asservir, ou peut-être de le perdre, étaient avidement saisis par lui, incorporés dans son édifice, et finirent par offrir au monde étonné le spectacle d'une tyrannie plus savante que celle de Tibère et plus affreuse que celle de Domitien.

Buonaparte avait des agens secrets jusqu'au milieu des cours étrangères. Informé que plusieurs de ses affidés avaient pénétré en Russie, S. A. R. quitta ce continent et se rendit en Angleterre, où sa famille résidait depuis longtemps. Il ne la quitta qu'en 1805, lorque le Roi de Suède

Gustave-Adolphe, animé du désir de délivrer la France du joug de Buonaparte dont il prévoyait l'insatiable ambition, tenta un coup de main sur le pays d'Hanovre. S. A. R. le Duc de Berri et son auguste Père s'y rendirent pour y commander une partie de l'armée ; mais l'entreprise n'ayant pas réussi et Gustave étant obligé d'évacuer cette province, le Prince retourna en Angleterre.

La guerre d'Espagne, celle de Russie ayant enfin dessillé les yeux et fait sentir aux Souverains qu'il fallait se liguer contre ce minautore qui avait tant de fois tenté de les dévorer, la ligue sainte à laquelle nous devons notre délivrance fut jurée. Mais, avant son exécution, un piége des plus adroits fut tendu à S. A. R. Des faux serviteurs lui insinuèrent de s'embarquer et de se rendre en Normandie, où, lui disait-on, il était attendu par près de quarante mille hommes. Mgr. le Duc de Berri y avait déjà consenti; mais son auguste Père, plus réfléchi, lui ayant conseillé de se faire précéder par des serviteurs fidèles pour s'en éclaircir, il ne tarda pas à apprendre que ce n'était qu'un piége que Napoléon lui tendait, dans l'intention sans doute de le traiter comme le Duc d'Enghien; et il ne partit point.

Cependant la France est envahie, les Monarques alliés déclarent qu'ils viennent pour délivrer les Français du joug qui pesait sur leurs têtes, et les invitent à réunir leurs efforts pour briser le sceptre du despotisme. Buonaparte de son côté les appelle sous ses étendards; et les fiers descendans des Gaulois, oubliant que les troupes étrangères doivent leur rendre des Princes légitimes, marchent pour soutenir la cause de l'usurpateur, ou plutôt pour venger leur patrie outragée. Mais en vain se rallient-on auprès des aigles audacieux; en vain nos soldats se montrent-ils les dignes successeurs des héros de Bouvines, d'Arques et de Fontenoy; après mille combats, la valeur malheureuse succombe sous le poids de la multitude, et les alliés sont aux portes de Paris. Une dernière bataille est livrée sous les murs de la capitale : quinze mille hommes sont forcés de battre en retraite devant une masse de deux cents mille baïonnettes; et le

Russe uni à l'habitant de la Germanie, fait une entrée triomphante dans la demeure de nos Rois. Ce jour qui paraissait devoir être un jour de deuil et de larmes, fut pour tout sujet fidèle un jour de bonheur et de joie : l'aigle est brisé, les lis flottent sur les tours de Notre-Dame.

Le soin qu'une police farouche avait pris de nous cacher, pendant vingt ans, la connaissance de l'existence des Bourbons, avait rendu cette famille presque étrangère aux Français. Leur nom n'était plus qu'un nom historique, comme celui des Valois, des Plantagenets et des Stuarts; leurs droits étaient réputés éteints avec eux dans l'opinion des hommes, qui n'ont jamais réfléchi sur le droit public, et qui n'ont aucune idée du véritable intérêt des nations. Ce n'est qu'après l'entrée des Souverains alliés à Paris, que nous apprenons que Louis XVIII est à Londres, mais que dans chaque corps d'armée est un Prince de sa famille, muni de ses pouvoirs et destiné à faire valoir ses droits.

En effet, Mgr. le Duc de Berri s'était rendu, dès les premiers jours de mars, à Jersey, et correspondait de là avec les divers agens de son oncle, qui étaient en France. De là il s'embarqua sur le vaisseau l'Eurotas, qui le débarqua à Cherbourg, le 13 avril. En mettant le pied en France, il s'écria les yeux remplis de larmes : « *Chère France !* en te revoyant, mon cœur est plein des plus doux sentimens: nous ne t'apportons que l'oubli du passé, la paix, et le désir de te rendre heureuse. » De là le Prince se rendit à Bayeux, où il ne put répondre aux félicitations qu'on lui adressait, que par ces mots : « Vive les bons Normands ! » — Une des personnes présentes, qui avait servi sous ses ordres, lui dit : Serais-je assez heureux pour être reconnu de V. A. — « Si je vous reconnais, mon cher S..., lui répondit le Prince en s'approchant de lui et lui écartant ses cheveux, ne portez-vous pas au front une cicatrice honorable que vous avez reçue à la bataille de...... » Se promenant partout seul sans gardes au milieu du peuple, il ne cessait de s'écrier, qu'on n'était heureux qu'au milieu des siens. Il apprend qu'il y a dans les environs un Corps encore égaré; il s'y transporte, non sans avoir au préalable fait demander les chevaux du commandant sous le prétexte que les siens étaient fatigués, ce qu'il n'osa refuser, et l'obligea même de venir à son devant. Après s'être entretenu un moment avec lui, le Prince s'avance au devant de la troupe, et leur dit : « Braves soldats, je suis le Duc de Berri. Vous êtes le premier régiment que je rencontre. Je suis heureux de me trouver au milieu de vous. Je viens, au nom du Roi mon oncle, recevoir votre serment de fidélité. Jurons ensemble et crions : Vive le Roi ! » Les soldats répondent avec enthousiasme à cet appel. Une seule voix fait entendre le cri de vive l'Empereur. « Ce n'est rien, dit S. A. R., c'est le reste d'une vieille habitude ; répétons encore une fois : Vive le Roi ! » Il y eut alors unanimité ; il fit distribuer une gratification aux soldats, qui tous arborèrent la cocarde blanche. Les officiers lui demandèrent la grâce de porter le nom de régiment de Berri. « J'en ferai la demande à mon oncle, leur dit le Prince, et je serai flatté de commander un Corps tout dévoué à l'honneur et au Roi. »

Le 15, il arriva à Caen, où il fit la proclamation suivante : « Français ! le voilà donc arrivé ce jour de bonheur et de gloire si long-temps désiré ; de tous côtés des points de ralliement sont offerts à votre courage, et un appui à vos malheurs. Votre bon Roi est proclamé dans sa capitale ; le drapeau blanc flotte à Paris, et dans près de la moitié du royaume. Je viens le déployer dans ces provinces dont le nom et l'héroïque fidélité illustreront à jamais les fastes de la monarchie. C'est un Bourbon, c'est le neveu de votre Roi qui vient se joindre à vous et vous aider à briser vos fers. Braves habitans des provinces de l'Ouest ! que votre dévouement, toujours à l'épreuve des revers, se ranime aujourd'hui par l'espérance ; de toutes parts les enfans de saint Louis viennent réclamer leurs droits, dont le premier et le plus cher fut toujours de vous rendre heureux. Je vous annonce l'arrivée de votre Roi. Je viens être l'organe de ses promesses. Plus de guerres, plus de conscriptions, plus d'impôts arbitraires !.. Français ! telles sont les intentions de votre Roi; c'est un père qui vient retrouver ses enfans. L'avenir qu'il vous destine, est un avenir de bonheur; le retour de la paix, la stabilité des lois et la douceur d'un gouvernement légitime et paternel. Vive le Roi! » Il fit mettre en liberté plusieurs personnes détenues pour une révolte à raison d'une disette, et distribua des largesses aux soldats. Il fut au spectacle, où le maire avait eu l'heureuse idée de faire placer sur la scène nombre de vieillards, de jeunes gens, de femmes et d'enfans, qui, au lever de la toile, se prosternèrent à genoux, et levant les mains au ciel entonnèrent un chant d'allégresse du retour des Bourbons : ce qui émut vivement le Prince. Trois jours après, il fut à Rouen, où S. A. R. eut encore occasion de développer ce caractère chevaleresque qui distingue si éminemment son auguste race.

Ce fut le 21 que le Prince, en uniforme de Garde nationale, fit son entrée à Paris. « Messieurs, répondit-il aux félicitations du corps municipal et des chefs de l'Armée qui étaient venus le recevoir à la barrière de Clichy, mon cœur est trop ému pour exprimer tous les sentimens qui m'agitent en me voyant au milieu des Français, et de cette bonne ville de Paris. Entouré de la gloire de la France, nous y venons apporter le bonheur; ce sera notre occupation constante, jusqu'à notre dernier soupir. Nos cœurs n'ont jamais cessé d'être Français et sont pleins de ses sentimens généreux qui sont les caractères distinctifs de notre brave et loyale nation. » Arrivé aux Tuileries, Mgr. le Duc de Berri se tourna avec vivacité vers les généraux qui l'entouraient, et se jetant dans leurs bras : « Permettez, leur dit-il, en les serrant fortement sur son cœur, que je vous fasse partager tous mes sentimens. »

Depuis ce moment, la vie du Prince fut partagée entre les devoirs de son rang et les soins qu'il donnait à l'étude de l'état militaire qu'il idolâtrait. Il ne cessait de visiter les casernes, faisait manœuvrer les troupes, et tâchait, par tous les moyens possibles, de s'attirer l'amitié du soldat, si nécessaire au général. C'est dans ce court intervalle de temps, que l'on a recueilli de lui mille traits heureux qui peignaient si bien cette ardeur martiale qui brillait dans ses regards. « Nous commençons à nous connaître, dit-il un jour au général Maison ; mais, quand nous aurons fait ensemble quelques campagnes, nous nous connaîtrons mieux. » Dans un banquet donné à Tivoli par la Garde parisienne, le Prince s'était réservé de porter un toast en l'honneur de la milice citoyenne; prévenu par M. de Grammont, il s'écria : « Vous me l'avez volé ; mais je vais en porter un, qui est dans le cœur de tous les Bourbons : A la prospérité de la France ! » A Versailles, en passant la revue d'un régiment dont quelques soldats témoignaient du mécontentement de ne plus combattre sous Buonaparte : « Que faisait-il donc de si merveilleux, lui répondit le Prince ? » Il nous menait à la victoire, dit un des soldats. « Je le crois bien, répliqua le Prince ; cela n'était pas difficile avec des hommes tels que vous. » On prétend même qu'il se servit d'une expression plus conforme au ton du soldat. Le 15 mars, le Roi le nomma Colonel-général des Chasseurs et des Chevau-légers-lanciers.

Le 1.er août, il fut visiter les départemens du Nord. Le 9, étant à Calais, il passa en Angleterre pour aller présenter ses hommages au Prince-Régent; mais il fut de retour à Paris, le 18. Le 21 septembre, il fut visiter les places de l'Alsace, de la Lorraine et de la Franche-comté : il passa en revue tous les corps qui se trouvaient en station dans ces diverses places ; il avait même formé le projet d'aller visiter les places de l'Ouest, lorsque le bruit du retour de Buonaparte vint suspendre son plan.

Les agitateurs avaient imaginé de noircir, aux yeux des militaires, les Princes de la Maison royale, et principalement notre Héros, dont l'esprit et le caractère martial leur inspirait le plus de crainte ; et de là, cette foule de propos et de scènes scandaleux dont on a répandu le bruit, et qui toutes sont empreints du sceau du mensonge. S. A. R. Mgr. le Duc de Berri devait aller commander les forteresses de la Franche-Comté, et s'opposer au passage de l'usurpateur; mais, par d'autres avis, cette mission fut donnée au maréchal Ney, et le Prince prit le commandement des corps qui étaient aux environs de la Capitale. Nous connaissons aujourd'hui le motif de ce changement qui, s'il n'avait eu lieu, eût peut-être fait tourner la chance des conspirateurs.

Mgr. le Duc de Berri n'épargna rien, dans ces circonstances, pour ramener le soldat à des sentimens plus légitimes: il visita les casernes, fit des promotions, distribua des croix; mais tout fut inutile: tous se déclarèrent en faveur de Buonaparte, et il fut forcé de quitter la Capitale, le 19 mars dans la nuit, avec S. A. R. Monsieur. Il se dirigea sur Beauvais, où il arriva le 21; de là, il prit la route d'Abbeville, où les Princes apprirent l'arrivée du Roi à Lille. Un officier de cuirassiers se trouvant sur son passage, cria vive l'Empereur. Ses serviteurs voulurent en faire justice, mais le Duc s'y apposa: le 24, il arriva à Béthune.

Mgr. le Duc de Berri, à la tête de quatre mille braves et fidèles Français, entra dans cette ville. Il y trouva trois cents soldats dévoués à Buonaparte; ils furent bientôt enveloppés; ils criaient encore vive l'Empereur. On eût pu les tuer l'un après l'autre, mais un Bourbon ne sait pas se venger, et surtout sur des Français. S. A. R. s'élance seul au milieu de ces hommes égarés, et leur propose de crier vive le Roi. Mais, après s'être consumé en vains efforts, il leur dit: « Vous voyez bien, malheureux, que nous pourrions vous exterminer, sans qu'il en existât un seul; vivez et disparaissez. » Un d'eux cria alors vive l'Empereur et le Duc de Berri; les autres répétèrent ce cri. En sortant de Béthune, il fut attaqué par 200 lanciers; on eût pu les écraser, mais le Duc voulut les épargner. Il arriva heureusement à Ypres, après avoir perdu ses équipages près S.t-Denis, et ne dut son salut qu'à l'énergie d'un détachement du 7.e bataillon belge. Le 28 mars, S. A. R. rejoignit le Roi à Gand, et s'établit à Alost où se trouvait la partie de la Maison militaire du Roi qui avait pu suivre les Princes au delà des frontières.

Pendant son séjour en Belgique, Mgr. le Duc fit de fréquens voyages, soit à la cour de Gand, soit à celle du Roi des Pays-Bas à Bruxelles, où il était reçu avec tous les honneurs dûs au Sang royal. S. A. R. associait à ces flatteuses distinctions, le commandement de la Maison militaire du Roi, cantonnée à Alost et dans ses environs. Le Prince se plaisait à en surveiller les manœuvres qu'il commandait souvent en personne. Ce ne fut pas sans un étonnement mêlé de la plus vive admiration, que l'on vit quelquefois S. A. R., soit par l'éclat et la véhémence de son commandement, soit par la précision de son coup-d'œil, rappeler ces manœuvriers célèbres dont la France a fourni les premiers modèles. Dans ces momens de délassement, où les camps offrent quelquefois les images des jeux de l'enfance, cet excellent Prince daignait souvent en être le témoin, et comme Louis XVI au milieu de ses pages à Versailles, encourager les jeux de cette fidèle jeunesse, et y prendre le plus vif intérêt.

La bataille de Waterloo ayant déterminé un mouvement de cavalerie légère sur la gauche de Buonaparte, qui se dirigeait vers les cantonnemens de la Maison du Roi à Alost qui en formait le centre, n'étant pas dans une position militaire, le Prince se détermina à occuper les hauteurs de Gisoghem, à une lieue d'Alost, où il laissa le 2.e escadron des gardes du corps et les grenadiers à cheval. L'armée royale bivouaqua autour du château occupé par les Princes, Monsieur et S. A. R. Mgr. le Duc de Berri : ce fut là qu'ils apprirent les événemens qui allaient leur rouvrir le chemin de leur patrie.

Le 21 juin, l'armée royale au milieu de laquelle le Roi voulut rentrer en France, se mit en marche sous les ordres de S. A. R., alla coucher à Grammont, et se rendit successivement à Mons, à Barrai. S. A. R., pendant le sejour que le Roi fit à Cateau, alla plusieurs fois visiter les bivouacs ; et satisfaite de l'ordre qui y régnait, elle en témoigna sa satisfaction, en disant à plusieurs officiers : « Voilà, mes amis, comment on apprend son métier en vrai et bon soldat. »

Le 8 juillet suivant, au moment de quitter St-Denis pour se mettre à la tête de la Maison du Roi, destinée à former le cortége de S. M. en rentrant dans sa capitale, S. A. R. devant quitter après ce commandement, vint témoigner dans les termes les plus honorables à tous les officiers de la Maison, combien elle avait à se louer de leur dévouement et de leur bonne conduite. Elle ajouta (au nom de S. M., dont l'intention formelle était d'acueillir sans provocation d'aucune espèce, l'expression libre du vœu général des Parisiens.) « Il vous reste un devoir non moins important à remplir dans cette mémorable circonstance, et c'est le Roi qui vous le prescrit, vous garderez un silence absolu lors même que les cris expirans de la révolte, ou quelques débris du signe de la rébellion viendraient exciter votre imagination. » Depuis cette époque, S. A. R. vécut assez retirée ; néanmoins elle ne négligeait aucune occasion de se concilier l'affection des militaires, et de répandre ses largesses aux infortunés qui n'imploraient jamais en vain sa charité : il n'attendait pas même qu'on fût le chercher, il courait les chercher lui-même. Nous citerions au besoin mille traits de sa bienfaisance active et généreuse.

Le 30 juillet, en recevant les officiers du 10.e de ligne, S. A. R. leur dit : « J'ai une permission à vous demander, c'est de porter votre uniforme le jour où j'irai avec vous au devant de mon frère. »

Dans le mois d'août suivant, S. A. R. fut nommée par le Roi président du collége Électoral du département du Nord, et partit pour Lille, où elle arriva le 10. On ne peut exprimer l'enthousiasme de cette population qui, sous l'usurpateur, avait montré tant de fidélité à la cause royale. Ce Prince répondit par ces mots au discours que lui adressa le préfet de ce département : « Le Roi et la patrie sont inséparables ; et l'amour unit le Roi à ses peuples par une chaîne indissoluble : qui pourrait rompre cette chaîne dont le département du Nord et la ville de Lille forment le plus solide anneau ? La mission de présider le collége électoral de ce département, est la plus haute faveur que le Roi pût m'accorder. » Le lendemain S. A. R. voulut faire un voyage à Béthune, ville pour laquelle ce Prince conservait une vive reconnaissance. « Messieurs, répondit-il au corps municipal, j'ai voulu revoir les bons habitans de cette ville, leur témoigner toute ma sensibilité pour la conduite qu'ils ont tenu envers nous dans des circonstances malheureuses, et où ils semblèrent redoubler de fidélité et de dévouement; nous n'oublierons pas l'accueil que nous avons reçu ici. » Puis s'adressant au maire qui l'avait harangué : « M. Duplaquet, vous n'avez oublié qu'une chose dans votre discours, vous n'y parlez pas des services que vous nous avez rendu. »

Le 23 août, S. A. R. présida la première séance du collége électoral, et l'ouvrit par ce discours d'une noble simplicité. « Le plus aimé de vos Rois, Henri IV, après de longues guerres intestines, rassembla les notables de son royaume à Rouen, et leur demanda des conseils : ainsi que lui le Roi mon auguste seigneur et oncle, d'après la constitution qu'il a lui-même donné à son peuple, s'adresse en ce moment à vous et me nomme particulièrement pour être son organe auprès du département du Nord. Je ne parlerai point de leur fidélité aux habitans d'un pays, berceau de la monarchie; je ne remercierai point de son dévouement ce peuple qui rappelle si bien les Francs généreux et guerriers dont il est descendu le premier; je me bornerai à vous dire, Messieurs, que le Roi, après vingt-six ans de troubles et de malheurs, a besoin d'interroger le cœur de ses sujets dont il juge d'après le sien. Ne pouvant réunir autour de lui tous les Français dont il est, vous le savez bien, moins encore le Monarque que le père, il nous demande de lui adresser, non ceux de vous qui l'aiment davantage, ce choix serait impossible et vous y voteriez tous; mais ceux qui, dignes interprètes de votre pensée, porteront au pied de son trône cet oubli du passé, cette connaissance du présent, ce coup-d'œil dans l'avenir, ce respect pour la charte constitutionnelle, cet amour pour sa personne sacrée, enfin cette abnégation de soi-même qui seule peut assurer le bonheur de tous. » Le 25, S. A. R. se chargea de remettre elle-même l'épée d'honneur que le conseil municipal de Lille avait décerné au brave colonel Hulot. Vers cette époque le Duc de Berri voulant témoigner aux habitans d'Alost combien elle avait été satisfaite de leur conduite pendant son séjour dans cette ville hospitalière, envoya un riche présent à l'habitant chez lequel il avait logé. Ce présent était accompagné d'une somme de mille francs destinée aux pauvres de la ville. Avant de quitter Lille, il remit également à M. le Préfet, une somme considérable pour être distribuée aux pauvres.

Le Prince était de retour à Paris le 27, et le 4 septembre en présentant au Roi le collége électoral du département du Nord, S. A. R. dit au Monarque : « Loin de dissimuler à V. M. les transports dont je viens d'être le témoin, je me hâterai de les lui peindre si l'impression pouvait rendre la pensée. Oui, Sire, je peux parler de ces transports, de cet amour dont j'ai recueilli tant de témoignages; car ce n'est point vers moi, mais vers V. M. que s'élevaient ces élans de cœur : c'est un Prince qui a le bonheur de lui appartenir de si près, que le collége électoral a vu dans son président; et la joie des bons habitans du Nord n'a été, Sire, que l'expression franche de leur reconnaissance, en croyant trouver dans le choix de V. M. la plus noble comme la plus douce récompense de leur fidélité. » Peu de temps après son retour, S. A. R. Mgr. le Duc de Berri adressa au préfet du Nord une lettre, qui finissait par cette phrase remarquable : « Dites à vos bons Lillois combien je les aime. » Ce mot rappelle l'expression touchante du bon Henri IV, qui en les quittant leur avait dit : Entre nous désormais, c'est à la vie et à la mort.

Un des événemens les plus remarquables de la vie de S. A. R. Mgr. le Duc de Berri, auquel se rattachaient les plus grandes destinées de la France, fut sans contredit son mariage avec Marie-Caroline-Thérèse fille aînée du Prince royal des Deux-Siciles, qui eut lieu le 17 juin 1816;

et déjà la fécondité de sa royale Épouse, nous promettait une lignée française héritière de toutes les vertus de ce sang précieux qui n'avait éprouvé aucune sorte de mélange. Pourquoi faut-il qu'une main parricide ait frappé l'arbre dans sa racine, et nous arrache ainsi nos plus douces espérances. J'ai déjà rappelé quelques traits de la vie de notre héros; essayons avant que de décrire l'affreux événement qui a tranché ses jours, d'en raconter encore quelques autres de ceux qui donnaient à son caractère une grande ressemblance avec le bon Henri.

Assis sur les premiers degrés du trône de ses aïeux, Mgr. le Duc de Berri est resté étranger au maniement des affaires, et n'a presque jamais révélé son existence politique, que par ses bienfaits. On l'a vu descendre de voiture pour donner une pièce de 40 fr. à un pauvre qui ne pouvait se traîner jusqu'à lui. Saisissant toutes les occasions, il distribuait plus de trois cents mille francs en aumônes et en bonnes œuvres, et donnait régulièrement de six à sept mille francs aux pauvres de sa paroisse. On l'a vu souvent seul, sans escorte, paraître partout au milieu du peuple; on l'a vu même, dans des incendies, et notamment à celle de l'hôtel des messageries, se mêler avec les travailleurs, et au moment où le feu exerçait ses terribles ravages, les animer par sa voix et par son exemple.

Mgr. le Duc de Berri se rendait, il y a quelque temps à Bagatelle, dans un cabriolet; en traversant le bois de Boulogne, il aperçoit un enfant chargé d'un panier dont le poids excédait ses forces. Il arrête son cheval, questionne le petit paysan: *Mon père m'envoie à la Muette porter ce panier qu'on attend.* -- *Mais il paraît bien lourd ce panier; il te fatigue: donne-le moi, je le remettrai en passant.* Le Prince fait mettre le panier dans son cabriolet, passe à la Muette, remet le panier à sa destination, revient sur ses pas, descend chez le père de l'enfant, et lui dit: *J'ai rencontré ton fils, il ployait sous le faix dont tu l'avais chargé; je l'ai aidé. Son panier a été remis tout à l'heure. Une autre fois, épargne-lui tant de peine; des fardeaux si lourds altéreraient sa santé. Tiens, achète-lui un âne qui portera ses paniers.* S. A. R. remet une bourse au paysan, remonte en cabriolet, et reprend la route de Bagatelle.

Que la révolution ait opéré dans nos mœurs, dans nos habitude, dans nos goûts, et jusque dans notre caractère, un changement sensible, c'est une vérité dont le moins clairvoyant peut s'être aperçu aussi bien que nous, et qu'il faut avouer à moins que d'être aveugle ou de mauvaise foi; mais je n'aurais jamais cru qu'elle eût fait de nous des assassins : le 13 février vient de me prouver le contraire. Tel est l'effet des maximes libérales répandues jusque dans les dernières classes de la société, qu'il n'y a plus aucune sûreté, aucune garantie, et que si on ne se hâte d'y mettre un terme, elles bouleverseront bientôt l'univers entier pour n'en faire qu'une vaste hécatombe.

Le 13 février 1820, Mgr. le Duc de Berri et son auguste épouse se rendirent à l'Opéra. Vers la fin du spectacle, Madame la Duchesse de Berri voulut s'en retourner; le Prince l'accompagna jusques à sa voiture et lui dit en fermant la portière : « Adieu Caroline, nous nous reverrons bientôt. » Mais à peine a-t-il fait deux pas qu'il se sent frappé au cœur, s'écrie : *Je suis mort*, et tombe dans les bras de M. de Clermont-Lodève, gentilhomme d'honneur du Prince, qui fut bientot secouru par d'autres personnes. Ce fidèle sujet disait à qui voulait l'entendre, avec l'accent de la plus vive douleur : « Puisque j'étais à côté du Prince, puisque le monstre qui l'a frappé ne voyait ni sa figure ni la mienne, que ne me prenait-il pour lui ! » Le Prince fut transporté sur un lit dressé à la hâte par les soins de M. Grandsire, secrétaire-général de l'académie royale de musique, dans une des salles de la direction; et par un de ces jeux inexplicables du destin, ce lit se trouvait le même sur lequel S. A. R. avait reposé à son entrée en France en 1814, et que M. Grandsire, alors garde-magasin de la marine à Cherbourg, avait eu le bonheur d'offrir à ce Prince, qui avait accepté comme étant offert par le premier Français qu'il avait rencontré sur la jetée.

A peine étendu sur ce lit de douleur, MM. Dupuytren et Bougon s'empressèrent de lui prodiguer leurs soins. Il était urgent de prévenir, ou du moins d'arrêter l'épanchement à l'intérieur. Les saignées que l'on pratiqua restaient sans succès, et la suffocation imminente. Dans le trouble où chacun était, on n'avait pas de ventouses; M. Bougon chirurgien suça alors la plaie, et en tira un peu de sang. Cette action, qui soulagea le Prince, pouvait être fatale à son auteur, car on ignorait encore si la blessure était empoisonnée; et S. A. R. ouvrant les yeux, ne manqua pas d'en faire la remarque, en disant : « Que faites-vous? Ma plaie est peut-être empoisonnée. » Nous connaissons la modestie de M. Bougon; mais un trait pareil mérite d'être connu de l'Europe entière, et il nous pardonnera d'en avoir parlé. Dans les momens lucides que les soins prodigués par les gens de l'art procuraient à S. A. R., on l'a entendu s'écrier, en levant les mains et les yeux au ciel : « O ma Patrie! malheureuse France! qu'il est cruel pour moi de mourir de la main d'un français! Eh pourquoi n'ai-je point trouvé la mort dans les combats! Ma chère Caroline, a-t-il ajouté à son auguste Épouse, conserve-toi pour notre fille et pour l'être que tu portes dans ton sein. » Cette circonstance, toute affligeante qu'elle est, a révélé à la France un événement qui ranime l'espoir de tous les bons Français.

Tour-à-tour, à la nouvelle de l'horrible attentat, sont arrivés S. A R. Monsieur, Mgr. le Duc et M.me la Duchesse d'Angoulême, et quantité d'autres personnes, parmi lesquelles on a remarqué M. le Vicomte de Châteaubriand, le Duc d'Albufera et le maréchal Soult. Mgr. le Duc de Berri a voulu voir sa fille qui lui a été apportée dans son berceau; il était alors quatre heures du matin, il l'a embrassée, lui a donné sa bénédiction, en prononçant ces paroles si remarquables : « Je souhaite que tu sois moins malheureuse que ceux de ta famille. » S'apercevant alors de la présence des Maréchaux que nous avons nommés, « Messieurs, leur a-t-il dit, j'espérais verser un jour mon sang au milieu de vous, en combattant pour la France ; mais le ciel l'avait sans doute autrement ordonné. » Il a demandé à voir M. de Nantouillet, qui est depuis trente ans le premier officier de sa maison ; en le voyant entrer, le Prince lui a dit : « Venez, mon vieil ami, je veux vous embrasser avant de mourir. » M. de Nantouillet, pénétré d'une bonté si touchante, s'est jeté aux pieds du Prince, et n'a pu lui répondre que par des sanglots.

Sentant ses derniers momens arriver, l'auguste victime a fait et dicté avec un calme héroïque son testament, et reçu les secours de la religion. M. Delatil l'ayant confessé, il a été administré par M. le curé de S.t-Roch. Après cette auguste cérémonie, qui aide le héros chrétien à franchir l'espace immense de la vie à l'éternité, S. A. R. voyant son auguste Frère Mgr. le Duc d'Angoulême à genoux près de son lit, lui dit : « Je crains que mon oncle n'arrive pas à temps, pour que je puisse lui demander la grâce de mon assassin. » Puis, se reprenant : « Croyez-vous, lui a-t-il dit, que Dieu me pardonne mes erreurs ? » Comment Dieu, lui répondit son auguste Frère en fondant en larmes, ne vous pardonnerait-il pas, puisqu'il fait de vous un martyr !.. » Sublime réponse, digne de l'auguste bouche qui l'a prononcée, et qui n'a, malheureusement pour nous, que trop de réalité !

Le Roi est arrivé à cinq heures du matin auprès de son neveu ; Mgr. le Duc de Bourbon était également présent : et à la vive douleur que laissait éclater le père du malheureux Duc d'Enghien, on aurait pu croire qu'il venait de perdre une seconde fois son propre fils. La douleur et la désolation était peinte sur toutes les figures. Mais, quel pinceau pourrait décrire ce moment, où tout espoir étant détruit, on a voulu arracher à ce cruel spectacle, le Roi, Monsieur et Mgr. le Duc d'Angoulême à demi-étouffés par les pleurs et les sanglots. M.e Duchesse d'Angoulême, cette héroïne chrétienne, l'ange tutélaire de la France, accablée d'une profonde douleur, qui ne pouvant trouver une larme, dont la source est tarie par ses nombreux malheurs, à genoux, pressait de ses mains saintes, celles du mourant, et s'écriait avec un accent douloureux : « Mon père vous attend, mon frère ; dites lui, dites-lui de prier pour la France et pour nous ! » Louvel, infâme Louvel, que n'étais-tu présent à cette scène ? ton cœur d'airain se fût peut-être amolli : ou plutôt, que n'étiez-vous là tous rassemblés, vils propagateurs des doctrines révolutionnaires, philosophes stoïques, et vous caméléons adroits, courtisans pleins de fiel, dont les horribles machinations ne tendent qu'au bouleversement de tous les principes ? vous eussiez reculé d'effroi, en voyant l'effet de vos doctrines ; des larmes eussent coulé de vos yeux. Que dis-je ? Non, non ; Dieu vous a privés de tout sentiment, et rien ne saurait vous ramener à la vertu.

S. M. n'a point voulu quitter son neveu ; et, s'appuyant sur M. Dupuytren, « l'aspect de la mort, a-t-il dit, n'a rien qui m'épouvante ; je veux, moi-même, fermer les yeux de mon malheureux fils. » En effet, il n'a quitté que lorsque S. A. R. a eu rendu le dernier soupir : il était six heures du matin.

Les restes du malheureux Prince furent portés au Louvre, et furent exposés dans une chapelle ardente, décorée avec la pompe digne de son objet. Berri n'est plus ; on lui rendra de magnifiques devoirs funèbres ; on s'empressera autour de son catafalque ; ceux même à qui l'on peut reprocher sa mort, assisteront à cette pompe ; mais les funérailles de Germanicus ne le rendirent pas à Rome éplorée. O Berri ! ô mon Prince ! ô mon héros ! Comme César et Henri, vous avez mieux aimé mourir que de craindre la mort, en prêtant l'oreille aux avertissemens qui vous étaient donnés, vous vous êtes écrié, comme Bayard, je suis mort ; mais, comme Louis XVI, vous avez ajouté, je pardonne. Pleurez, mes yeux ! pleurez ! Mêlez vos larmes à tant de larmes.... Mais, quoi ! ce ne sont point de stériles larmes que demande votre grande âme. Le principal devoir de l'amitié, disait Germanicus mourant, n'est pas de pleurer sur un mausolée. Montrez au peuple romain la veuve de Germanicus. Oui ! nous vous la montrerons la veuve de Germanicus ! Oui ! nous vous montrerons le Louvre en deuil, l'époux étendu sur un lit de mort couvert du drap funéraire, la jeune épouse, qui n'est plus qu'une veuve abreuvée de larmes, coupant sa chevelure, ancienne marque du sang royal chez les Francs; distribuant aux pauvres, le prix de ses joyaux, comme autrefois Mathilde après la mort de Clovis; négligeant les ornemens de sa jeunesse et de ses jours de joie; les prêtres pleurant entre le vestibule et l'autel; les vierges désolées, faisant retentir les places publiques de leurs gémissemens, et nous vous dirons : Malheur, malheur à vous, si le poignard de Louvel ne convertit pas la France!

Avant que de finir, je ne puis me dispenser de rapporter ici quelques autres traits de la vie du malheureux Prince, dont je n'ai fait que l'esquisse. Nous y en joindrons qui démontreront la pureté de l'âme de son auguste Épouse; et nous terminerons par donner les détails de la translation des restes mortels de S. A. R., à S.t-Denis.

Mgr. le Duc de Berri passait en cabriolet sur le boulevard des Italiens. S. A. R. vêtue très-simplement, conduisait elle-même. Un individu qui traversait imprudemment la chaussée, est atteint par le brancard, et renversé. Le Prince, qui ne s'en était point aperçu, continuait sa route, lorsqu'un homme se met à crier : arrête! Le Duc de Berri se rend à cette voix; les curieux s'amassent autour du cabriolet, et l'individu qui, heureusement n'était que légèrement blessé, devient l'objet de leur sollicitude. S. A. R. descend, lui donne sa bourse, et prend son adresse; mais le même homme, qui avait crié arrête, persistait à vouloir que le cabriolet fût conduit avec le maître chez le commissaire. La foule augmentant, et plusieurs personnes, qui très-probablement avaient reconnu le Prince, l'ayant aidé à remonter, il partit. S. A. R. qui, dès le lendemain, s'était rendue à pied et sans suite au faubourg S.t-Antoine, où logeait le malheureux qu'elle avait renversé, apprend que, par une fatalité remarquable, cet homme se trouvait être le déserteur d'une légion; et, croyant n'avoir rien fait en hâtant sa guérison par tous les moyens possibles, le Prince lui sauve l'ignominie d'une condamnation, et le fait amnistier.

Le jour que l'on conduisait les restes mortels de Mgr. le Duc de Berri, une vieille paysanne était placée sur le devant d'un des cabriolets qui vont à S.t-Germain : elle pleurait; ses vêtemens grossiers, ses mains gercées, les rides profondes de son visage, tout l'ensemble de cette pauvre femme annonçait de longues souffrances. Une des personnes qui se rendaient à S.t-Denis, lui demanda le sujet de ses pleurs. — Hélas! Monsieur, j'ai aujourd'hui le chagrin de tout le monde ; je pleure le bon Prince que l'on porte à S.t-Denis maintenant. — Vous le connaissiez? — Je le connaissais par le bien qu'il nous faisait. Le Prince n'a traversé qu'une ou deux fois notre village, et je n'ai jamais été assez heureuse pour le voir. — Et comment vous trouvez-vous à Paris, dans ce jour de deuil? — C'est justement pour cela, Monsieur, que j'y suis venue. J'ai voulu assister aux derniers devoirs qu'on lui rendait; je me suis placée aussi près du Louvre que j'ai pu; j'ai vu tout le cortége et je souffre moins. Et mon pauvre mari serait bien venu aussi, lui; mais la mort de ce bon Prince lui a fait tant de mal, qu'il n'a plus la force de se tenir. — D'où êtes-vous? — De la Celle, Monsieur — Votre mari était-il au service du Prince? — Non, Monsieur, mon mari est trop vieux pour travailler, et mes deux garçons que nous avions rachetés deux fois en vendant tout notre petit bien, n'en ont pas moins été pris dans le temps; on les a envoyés à la grande armée, en Russie, je crois, et nous n'en avons jamais plus entendu parler.... pauvres enfans! — Vous n'avez plus d'enfans? — Si fait, Monsieur, il nous reste une fille; elle est employée comme ouvrière dans la maison du Prince; c'est par elle qu'il a su combien nous étions malheureux : et aussitôt le Prince nous a envoyé des secours, et tout l'hiver notre petite est venue nous voir, nous apportant chaque soir un peu d'argent que le Prince lui faisait donner pour nous; et puis, M. le maire a eu l'ordre de nous donner, dans ces grands froids, du bois, des couvertures, et un pain de quatre livres tous les jours; et les autres pauvres de la commune ont reçu tout cela aussi. — Quel cœur! il avait bien ses vivacités. — Oh ça oui, mais comme il aimait à faire du bien! Tenez, Monsieur, nous sommes bien à plaindre à présent; mais il faut plaindre encore plus cette pauvre Princesse, qui aussi charitable que lui; et le Roi, et Monsieur, et tout le monde, car un tel Prince eût fait un bon Roi..... Ah, Monsieur, les pauvres vont être bien malheureux!...... Et la pauvre femme se prit encore à pleurer.

Sublime oraison funèbre, tu resteras à jamais gravée dans leur cœur! Pauvre femme! heureux Prince! Les habiles orateurs qui ont à célébrer, du haut de la chaire évangélique, les vertus de la royale victime, ne sauraient se montrer plus éloquens que ne l'étaient les pleurs et le langage naïf de la vieille paysanne de Celle.

Enfin, pour terminer le tableau de tant de vertus, nous dirons que, le matin même de l'assassinat, Mgr. le Duc de Berri, s'entretenant avec un brave officier qui a des relations intimes dans le Calvados, lui parlait de ses bons habitans de Bayeux et de Caen: « Ce n'est pas à moi qu'il tient, disait-il, si je n'ai pas couru dix fois les embrasser encore! » Avant que de partir pour l'Opéra, ce Prince venait aussi d'ordonner l'envoi d'une nouvelle somme de 1000 fr. pour les pauvres de la capitale. Ainsi, si ses dernières paroles ont été des actes de clémence et de vertu; sa dernière action est un trait de bienfaisance. Semblable en tout à son aïeul, on a remarqué que le corps de S. A. R. était exposé au Louvre, dans la même salle où l'on avait exposé Henri IV après sa mort.

Madame, Duchesse de Berri, en rentrant à l'Élisée après la mort de son époux, et où tous les gens de la maison étaient en pleurs, voulut couper elle-même ses cheveux, en disant: « Je n'ai plus besoin de cette parure que mon époux a tant aimée. » Elle remit elle-même à M.me Duchesse d'Angoulême, tous ses diamans, en lui disant: « Je n'ai également plus besoin de ces joyaux; prenez-les, et que le prix en soit consacré à la fondation d'un hospice »; et s'adressant à ses serviteurs, « Bien que la mort du Prince mon époux me prive des moyens de répandre autant de bienfaits que par le passé, je veux tous vous garder à mon service, et partager avec vous et les malheureux, ma médiocre fortune. » Elle leur a ensuite distribué tous les objets de la toilette et les bijoux qui avaient appartenu à son auguste Époux : elle n'a gardé seulement que le peigne dont il se servait ordinairement. Cette scène a pénétré tous les assistans d'un religieux attendrissement.

Après avoir ainsi éloigné de ses yeux, tous les ornemens convenables à son rang, même ceux qu'elle devait à la tendresse de son époux, elle a fait tendre en draperies noires, et éclairer par des bougies jaunes son appartement, qui, en même temps, est devenu un sanctuaire, car elle y a fait dresser un autel, où chaque matin, au milieu d'un appareil religieux et funèbre, un prêtre vient célébrer le Saint Sacrifice de la Messe. Tout jusqu'à ses vêtemens, ainsi que ceux de sa fille, sont couverts de deuil et de tristesse. On dit, mais j'ai peine à le croire, que cette auguste Princesse a fait la remarque que le treize était une date à laquelle était attachée pour elle, une espèce de fatalité. En effet, c'est le 13 juillet 1817 que S. A. R. est accouchée d'une fille qui n'a pas vécu ; c'est le 13 septembre 1818, qu'elle a fait une fausse couche ; et enfin, c'est le 13 février 1820, qu'un assassin lui a enlevé son époux. On dit aussi que le même jour du crime, elle supplia S. M. de la laisser repartir pour son ancienne patrie. Mais, aujourd'hui, sa patrie est la France ; elle doit y rester pour y confondre son affliction avec l'affliction publique ; et où trouverait-elle une semblable douleur ? Le peuple est frappé du même coup qui a déchiré le sein de son époux. Que les malheureux restent unis pour se consoler mutuellement ! Elle nous appartient par un premier gage de sa maternité ; et Dieu, qui se joue des fureurs humaines, a peut-être déposé dans son sein les destinées de la France et des Bourbons.

Le corps de S. A. R. Mgr. le Duc de Berri fut placé le 16 sur un lit de parade, au milieu d'une chapelle ardente, décorée avec la majesté digne de son objet : les gardes de Monsieur veillaient debout, l'épée nue ; des prêtres récitaient des prières, pendant que, tour-à-tour, les Princes du Sang et une foule de personnes de distinction, les corps constitués et les divers états-majors sont venus, pendant les neuf jours qu'il est resté en cet état, jeter de l'eau bénite sur ses dépouilles mortelles.

Souvenir déchirant ! qui rappelait aux spectateurs les jours de réception, où la foule se pressait autour du Prince que nous pleurons, où chacun recevait de lui un accueil si bienveillant ! Parmi les militaires qui ont défilé devant le catafalque, on a remarqué un vieil invalide, qui s'est incliné au pied de l'autel, et regardant le crucifix, a fait cette prière simple et touchante : « *O mon Dieu ! protège cette Famille qui nous a fait tant de bien, et fut si malheureuse ! O mon Dieu ! protège ce qui nous reste de la Famille des Bourbons !* » En prononçant à haute voix cette prière, le vieillard invalide fondait en larmes, et tout le monde pleurait avec lui.

Une députation des *dames de la Halle*, se présenta à l'une des grilles du Louvre, et demanda la faveur d'être introduite près des restes inanimés du meilleur des Princes. Le désir de ces dames fut rempli. Elles déposèrent, au milieu des sanglots, une couronne de fleurs sur le cercueil du Duc, sur laquelle on lisait ces mots : *Il est mort, mais il vivra dans nos cœurs.*

Toutes ces Dames étaient dans un profond recueillement ; des larmes abondantes coulaient de leurs yeux ; on les entendait répéter à l'envi : Il n'avait jamais fait que du bien ; le matin même de sa mort, il avait encore envoyé mille francs pour les pauvres.

Ayant aperçu M. le Curé de S.t-Germain-l'Auxerrois, elles s'approchèrent de lui, et lui dirent : Ah ! notre bon curé, vous avez assisté sa tante dans ses derniers momens ; priez pour notre bon Prince, afin qu'il prie pour nous.

Le corps de S. A. R. fut enfermé dans un cercueil sur

lequel furent placés les insignes du Prince, et le 23, dès 7 heures du matin, le peuple qui savait que c'était le jour de la translation à S.t-Denis de ses restes mortels, se portait en foule sur cette route, l'expression de leur profonde douleur se montrait d'une manière non équivoque. Un grand nombre de boutiques étaient fermées ; la plupart des fenêtres étaient pavoisées de drapeaux blancs chargés de crêpes ; un grand nombre de maisons étaient tendues de noir : au village de la Chapelle, ces signes de deuil s'offraient à toutes les maisons, ainsi qu'à S.t-Denis.

Un silence religieux et profond régnait sur le passage du cortége ; la plus douloureuse impression était sur toutes les physionomies. Les larmes de toutes les classes des citoyens accompagnèrent jusqu'à la dernière demeure royale, le petit-fils de tant de Rois, le brave, le bienfaisant Prince, non moins cher à la patrie qu'à l'auguste Famille, dont il eût soutenu la gloire en égalant ses vertus.

On entendit une pauvre femme, faisant un juste et touchant éloge de la bienfaisance du Duc de Berri, ajouter qu'elle venait de mettre une jupe en gage pour pouvoir faire dire une messe pour le repos de l'âme du Prince que nous pleurons, et que cet hommage était pour elle un devoir d'autant plus rigoureux que plusieurs fois elle avait reçu de la charité de S. A. R. les moyens de racheter quelques effets que sa misère l'avait forcée aussi de mettre en gage.

La translation à l'abbaye de S.t-Denis des restes mortels du jeune et malheureux Prince que la France a perdu, avait attiré vers les lieux où devait passer le cortége funèbre, toute la population de Paris. Si l'assassin avait vu la consternation et la douleur qui étaient empreintes sur tous les visages, il aurait pu dire, comme Ravaillac : *On m'avait dit qu'ils n'aimaient pas leurs Princes* !..... S'il avait vu les vieux et jeunes soldats, les serviteurs du Prince, les Maréchaux et les corporations du peuple, entourer, dans un triste et pieux recueillement le cercueil de sa victime, il aurait pu se convaincre que les Français chéris-

aiment leurs Princes, et qu'il ne faut pas s'en rapporter à la *Minerve* et au *Constitutionnel*.

Depuis que le corps du Prince a été déposé dans la chapelle ardente, MM. les chanoines du chapitre royal sont continuellement en prières autour du catafalque. Toute la matinée, les messes se succèdent de demi-heure en demi-heure, et le reste du temps est employé à la psalmodie de l'office pour les défunts. Deux fois par jour, le chapitre assiste en corps à deux offices plus solennels. Tous les jours, deux officiers supérieurs de la maison militaire de S. A. R., sont présens à la messe solennelle, ainsi que plusieurs dames de la suite de Madame la Duchesse de Berri. L'affluence des personnes qui viennent jeter l'eau bénite est toujours très-considérable.

On assure que S. A. R. Mgr. le Duc d'Angoulême va souvent *incognito* entendre la messe pour le repos de l'âme de son auguste et infortuné Frère, la plus profonde affliction peinte sur sa figure. Le Saint Sacrifice est célébré par M. Duchatillé, nommé à l'évêché de Laon, le Prince, avant que de se retirer, jette de l'eau bénite sur le cercueil. S. A. R. est toujours sans suite.

Toutes les dames et les élèves de la maison royale, ayant à leur tête M.me la Surintendante, ont voulu assister à une messe dite par leur premier aumônier. On a remarqué un recueillement et une tenue parfaite; on a vu couler bien des larmes : ces demoiselles ont chanté un *Pie Jesu* et un *De profundis*, qui ont produit de vives émotions de tristesse.

Le même jour a vu une fête bien touchante. Une députation des dames du marché de Versailles, a déposé au bas du catafalque une couronne de fleurs couverte d'un crêpe, avec une grande feuille de papier où étaient exprimés leurs regrets et leurs sentimens d'une manière très-énergique et très-pathétique tout à la fois. Le style prouve que c'est l'expression naturelle de leur vive douleur; et ce qui le confirme de plus en plus, c'est qu'après qu'elles eurent jeté de l'eau bénite, s'étant arrêtées à réfléchir devant le corps du Prince pleuré de toute la France, tout-à-coup on vit, non-seulement couler des larmes en abondance, mais on entendit des sanglots tellement forts, qu'on fut obligé de les prier de les modérer pour la décence du lieu, et qu'elles s'écrièrent : Oui, oui, bon Prince, tu vivras toujours dans nos cœurs ! Un très-grand nombre d'habitans des environs de S.t-Denis, une foule de personnes distinguées de la capitale, remplissent continuellement la basilique royale. La tristesse la plus profonde est peinte sur toutes les figures. On ne tarit pas en éloges sur la bienfaisance de l'auguste victime du froid et raisonné fanatisme et de l'athéisme. On a entendu même des hommes marquans, partisans du dernier gouvernement, abjurer leurs erreurs politiques en présence des restes inanimés du Bourbon si chéri. Un si lâche attentat, en si grande opposition avec le caractère français, leur inspirait, sans doute, la plus grande horreur ; et ils ne pouvaient concevoir qu'une opinion pût enfanter le plus odieux des crimes. Aussi, d'ennemis de la céleste famille de France dont ils ignoraient les vertus, en sont-ils devenus les plus grands apologistes. Des cœurs vraiment français seront toujours sensibles à la voix de l'honneur et de la vertu, et rougiront de partager une opinion qui ne sait faire usage que de poignards.

FIN.

www.ingramcontent.com/pod-product-compliance
Ingram Content Group UK Ltd.
Pitfield, Milton Keynes, MK11 3LW, UK
UKHW021210230726
13926UKWH00001B/430